MIEMBRO FANTASMA

MIEMBRO FANTASMA

Ana Cagnoni

Valparaíso
EDICIONES

Número 394 de la Colección VALPARAÍSO DE POESÍA
dirigida por FEDERICO DÍAZ-GRANADOS

Diseño y maquetación: Chari Nogales
www.charinogales.com @chari_nogales
Imagen de portada: Annie Spratt

Primera edición: enero de 2024

© De los poemas: Ana Cagnoni

© Valparaíso Ediciones
C/ Fray Leopoldo, 7 Bajo 18014 Granada
www.valparaisoediciones.es

   ISBN: 978-84-10073-11-1
   Depósito Legal: GR 1809-2023

   Impreso en España - *Printed in Spain*
   Gráficas Gami

A quién si no.

I

(having a small palm tree where my core should be)

KAY RYAN

No moriré en el bosque.
no moriré entre caballos.
moriré en un hospital con molduras
y estacionamiento.

allí habrán nacido gatitos
entre los escombros y los pastos crecidos,
tomarán la teta de su madre, los miraré
a cada rato por la ventana.

asearse.

la habitación no será individual,
pero la otra cama estará vacía,
el cubrecolchón tirante y limpio.

debajo de la cama brillarán
un par de alfileres de gancho caídos.

cada mañana pensaré en contarle a la
enfermera que yo estuve ahí antes.
sé lo que hay en los cajones de atrás
de la puerta.

moriré mientras el ascensor sube o baja.
el perro tísico de la garita estará ladrando
o no. habrá pocos autos afuera, uno de ellos
será un viejo Plymouth prendido fuego.

seré la única capaz de verlo
quemarse bajo el cielo nublado, radiante
y soberbio como la nieve o el cuarzo.

No hace falta
atar a los potrillos,
igual no se alejan
de sus madres.

si tan solo entendiera
de dónde no me conviene
moverme.

si hubiera sabido anticiparme
a la eventual magnitud de esa pérdida
que en su momento acepté
casi con sorna.

Hay dos tipos de duelos.
uno es el que, con cierta resignación,
reconocemos que aún no hemos resuelto.

otro,
el que suponíamos había perdido color,
como el resaltador amarillo en el resumen
para un examen final de hace años.

lo creíamos sofocado,
no por el tiempo, sino por el polvo,
delicado fósil de dinosaurio.

sin embargo, una noche ataca.

lo hace sin violencia,
gélido escalpelo.
diseca, preciso,
plano tras plano hasta llegar

al rincón en que ocurrieron
los hechos.

juega, escarba, encuentra todo
tal como lo dejamos.

éramos blandos, mudos, pelados.
no sabíamos cómo guarecernos,
a quién entregarnos.

En el sueño,
el argumento era tan perfecto
que se volvió obvio que había
un sentido.

qué quiere decir sentido.
para quién se volvió obvio.
cuál era el argumento.

el argumento era:
había una silueta negra.
atrás, el sol.

por qué perfecto.

perfecto porque
cuando se acercaba,
era un remero.

tenía las sienes hundidas,
las manos lobunas de mi padre.

con sus remos movía el agua,
movía el bote.

a la vez,
me mecía en sus brazos fuertes
y cantaba.

agua dorada, ruido de agua
ruido de remos
ruido de bote.

Cómo puede ser,
si las dos habitaciones están a oscuras,
que el espacio entre la puerta cerrada
y el marco esté lleno de luz.

así funciona
la casa de los callados.

en ella hay cabos sueltos
como zafiros desparramados
bajo el calor sin alma del desierto.

no queda más remedio
que acatar las reglas que impone
su espíritu antojadizo, ya que

cuando crezcamos

y la casa de los callados
nos haya soltado como a globos rojos
que flotarán dispersos hacia el espacio,
entenderemos.

era ahí, y no en otra parte,
donde las paredes vibraban de veras.

ahí lo temible no era imitación,
no tenía nada de juego.

Semáforo. bocinas. persianas
grises que parecen dientes o hileras
de pacientes comatosos.

el cielo tupiéndose de nubes.
uñas rojas como un escuadrón
de esfinges homicidas.

su reloj pulsera golpea
contra la ventanilla
apenas abierta,

tac, tac, cada vez que mueve
el brazo para dejar caer
la ceniza sobre el asfalto.

¿qué pienso yo? ¿qué infiero?
mientras deslizo la yema
de mi dedo índice por mi frente,
acariciando ida y vuelta la línea
de pelusa, anillo de fotones y por dentro,
oscuridad sin fondo y absoluta.

Acá nieva y la nieve
vuelve al sol más amarillo,
un amarillo que no existe allá
de donde vengo.

me es imposible caminar
sin dejar rastro. mis huellas hondas
y grises trazan una línea recta –
el viento trae coyotes, abedules.

no trae, como traía allá,
achuras ni espirales para los mosquitos,
colocados bajo la mesa del patio
entre nuestros pies descalzos.

el humo de los espirales
se mezcla con el humo de la parrilla
y el de sus cigarrillos.

miro la humareda ascender
y ahora entiendo que en un punto
esa escena ya contiene
toda esta vida.

esta vida más bien angosta
y honda, este deseo,
esta vergüenza,

este sentido del deber hacia
unos pocos, que décadas más tarde
aún ruge, inalterado.

No es cierto que para obtener
distinto resultado se deba implementar
otro método.

el motor de la insistencia
es tan útil como cualquiera,
si lo que queremos es cambio.

la magia de la repetición.

arrorró mi nena, arrorró mi sol,
arrorró pedazo –

la canción perdura y perdura

en este rincón de nieve azul
y silencio aterido,
rincón que mis padres nunca visitaron,
de pájaros rojos, manzanas boutique
y frazadas para caballos,
estoy amordazada.

En la televisión de la sala de espera
del aeropuerto, el informativo
anuncia que un avión que partió
hace unos minutos de este mismo aeropuerto,
se estrelló por causas aún no esclarecidas.

*

las manifestaciones de nuestra
conciencia (el-café-se-enfrió, que-alguien-haya-
muerto-no-significa-que-no-temamos-matarlo,
un-avión-cayó-por-ende-podría-caer-otro),

varían en cuanto a grados de ilación
y lógica aparente.

pero todas son, en el fondo,
cajas-hormigón-sorpresas.

imposible saber a ciencia cierta
qué contienen, tan densas y coalescentes.

criptas grises que no saben
del aire ni de la gente.

El día empezó bien:
en el supermercado tenían los yogures
que siempre están agotados.

por miedo a que se acabaran,
saqué seis y los apilé contra mi pecho,
una columna escoliótica láctea.

pero cuando fui a depositarlos
en el carrito vacío – el gesto era
el de apoyar a un recién nacido.

mi corazón comenzó a latir
en seco.

solté los yogures y me apresuré
al blanco brillante de la calle.

en la tapa de un yogur
cabe una columna hecha
de 41.000 átomos de aluminio –

yo también estoy hecha de átomos.
y no conocen el decoro ni el disimulo.
prestos y obedientes,
guardan esta vida que no entienden
con modélica diligencia.

Ese enterito te hace gorda.

la mano pegajosa y fría del quiosquero,
figuritas polvorientas mezcladas
entre las tutucas.

manglares vacíos.
sonido de manzanas al caer.

las tardes de bochorno
de aquel verano están hilvanadas
entre sí como retazos.

una gran sábana Frankenstein.

se mantiene desde entonces colgada ahí,
siempre a la misma distancia del presente.

la justa para seguir profesando
su descoyuntado credo.

Las ventanas iluminadas
en el campo a esta hora
son figuritas en un álbum
de márgenes oscuros.

la secuencia no alcanza a fluir –
hay instantes e interrupciones.

la anciana del delantal manchado
balancea una bandeja sobre sus manos.
pata de pollo, vaso de vino,
pañuelo de tela, anteojos de leer
y virgencita.

avanza a otra ventana.
no sabe del rectángulo luminoso
que deja atrás sin ocupantes.

no sabe de esta honda ternura,
que deposito en ella, pero viene
de mucho antes.

En una biblioteca
de Nueva Inglaterra,
los chicos aprenden sobre
la sofisticación y las plantas
carnívoras.

en unos años deberán decidir
si el idioma de la sofisticación
será el que hablen o el que miren pasar,
como los sucesivos pisos cuando bajamos
en un ascensor.

posibilidades en serie, idénticas
y relucientes,
del lado aburrido
de las virtudes.

para entonces
serán adultos y recordarán
el otoño soleado en Nueva Inglaterra,
la suavidad del cielo y las plantas carnívoras,
su particular manera de digerir
sin que nada se mueva,

el paladar siempre sediento.

No nos ponemos de acuerdo
acerca de la hora de tu muerte,
ni de la estación del año,
ni siquiera sobre si había luz afuera
o no.

(en el campo, la cocina daba al norte,
los amaneceres eran puros y amarillentos
como pis de bebé).

sí coincidimos en que caíste de cara
sobre tu plato de Zucaritas con leche
y a eso nos resulta muy difícil
sobreponernos.

tu adiós debía ser solemne,
alto como un campanario.

iba a morar, sereno y cósmico,
en nuestras memorias –

en cambio, me duele y no puedo
sufrir tranquila sin volver a ver
esa mosca zumbona y tu gruesa nariz
hundida, surcada por violáceos capilares,

en la leche dulce y tibia
que la vaca madre nos había brindado,
sin atisbo de presagio ni –menos aún–
de ironía.

La chica de la agencia era rubia esquí,
ojos redondos pero asertivos.

decía *yeah*, *yeah*, acariciaba
las hornallas, el freezer, los banquitos
altos sin respaldo. nos adulaba.

entre nosotros
las ideas corrían como chispas,
casi todas contradictorias,
entre sí y consigo mismas.

eso puedo verlo recién ahora.
en ese momento el calor era tal,
que morían pájaros.

yo miraba los dedos de la chica,
su anillo de compromiso, tres pellejitos
delatores inflamados.

¿cuándo decide uno irse?
cómo y por qué.

para qué existen mosquiteros, sombrillas,
reposeras, todas las cosas útiles, inútiles.
nadie entiende.

en otro estado,
a lo mejor lo horrendo es hermoso.

en este no.
en este, lo horrendo flota como troncos
en el lago que da a mi ventana.

es un lago de hormigón revuelto.
ahí nada se hunde.

quizás es de eso que uno muere.
de troncos acumulados en un alma
que sigue sus propias reglas –
aunque quiera no puede apartarse.

II

Awake, but early. ENTRANCE is where I've been brought.
I know I can't go in. Dark yet.
I could get up and turn away. I stay.

WILLIAM BRONK

Volver
no es buena idea.

*

qué pasa si la definición
de muérdago es más corta
que la palabra muérdago
o que el muérdago en sí.

*

alucinación
dentro de alucinación,
quién manda.

*

la imagen invertida
en la concavidad de una cuchara.

*

en el alivio de que algo
que no ocurrió no haya ocurrido,
por qué no se cancelan los términos.

*

si una paradoja funciona
solamente en un idioma,
qué hacemos.

*

la temperatura
es o se toca.

*

los dieciséis dados del Boggle sacudiéndose,
la mesa puesta para Nochebuena,
ensalada rusa y vitel toné.

tuvimos eso.

Desde que me mudé de país,
pienso que todo es un simulacro.

la granja es un simulacro de granja.
el tractor, de tractor. el desencanto.

mejor, después de todo,
que sea un simulacro y no un error.

y más si me dicen que el invierno
es tan crudo que hay que prepararse
como se preparan los pasajeros de un avión
cuando el piloto dice:
brace for impact.

el avión se estrellará dramáticamente
contra el pico limpio de una montaña.

la nieve se cubrirá
de restos incandescentes
que arderán como viejos anhelos.

En los laberintos, ante la duda,
hay que doblar a la izquierda.

los torpes no doblamos a la izquierda:
seguimos al líder, no entendemos cómo
llegamos hasta donde estamos –

una granja de manzanas con escaleras
en todos los árboles, vacía hasta
las seis de la tarde.

a las seis se abren los postigos
y comienzan a vender donuts rellenos –

los torpes solo pensamos
en volver a nuestras casas.

no a esta casa. a la casa oscura
y enrejada que teníamos antes.
con tapices, techos bajos y veneno
para cucarachas.

la alegría no nos interesa, la imitamos
mientras podemos. cada mañana empezamos
de nuevo a girar como un molino
cuando se levanta viento.

no sabemos volver la mirada
sobre nosotros mismos
ni sabemos que no sabemos.

el día pasa sin dejar rastro.

El pelo de los caballos
es pelo de invierno.

no porque haya bajado
la temperatura, sino porque
se fue la luz.

los granjeros
esparcen sal sobre el hielo
para evitar resbalarse.

caminan a oscuras
cargando baldes
llenos de agua fría.

¿cuántos baldes
tendremos que cargar?
¿4? ¿17? ¿80.000?

incluso cuando solos.

Nieva tanto que, si bien paleé
a media mañana, son las dos de la tarde
y tengo que palear otra vez.

a las tres y cuarto, la tormenta pasa.
un pájaro le contesta a otro y el sol cae
detrás de las nubes, naranja, henchido
contra el blanco piadoso de la tierra –
imposible no albergar esperanzas.

subo la pequeña cuesta y camino,
con la pala al hombro y la ropa pegada al cuerpo,
entre hileras de manzanos cargados de fruta
podrida, hasta el límite del terreno.

ahí cavo un pozo del tamaño de un perro y
me arrodillo como si fuera a enterrar algo.
nadie a quien pedirle, nadie a quien agradecer –

vuelvo a tapar el pozo, mezcla
de barro y nieve.
procuro que quede parejo,
por si un día de estos, en mis merodeos,
se me ocurriese pasar
y preguntarme.

La manera en que el invierno
vuelve y trae el mismo hielo astillado
que la vez pasada quiso decir
distancia-física-de-la-tierra-madre.

esta vez quiere decir otra cosa.
así funciona, toca pero no envuelve.

hay algo alucinatorio en esta creencia,
en esta costumbre de buscar señales,
pasadizos que nos devuelvan
no a la situación original sino
a su intensa copia recordada.

las garzas son garzas, qué más.
patas largas, cuello largo, carnívoras.

ellas sí pueden zambullirse
en el *reservoir* de agua potable de Hudson.
a ellas no se les puede prohibir nada –

las garzas son moldes mudos.
los llenamos de yeso y trabajamos.

bajo la luz verdigris del poniente,
nos toma por sorpresa el frío del agua
cuando nos lavamos las manos.

Sigo el mismo camino
todos los días.

bordeo la granja de los ausentes,
con sus vaquitas negras y su lámpara
oscilando, encendida tras una cortina
de vapor londinense.

voy contando puertas azules,
al rato mi sentido de misión se torna
distante y borroso.

sueño que abro cajones
a escondidas y encuentro estampitas,
pajares hechos de agujas, el lugar donde
mi casa
estaba –

no sé por qué la calma dura
o no dura.

dónde está, dónde se esconde
aquel primer embeleso arrebatado.

cerrame la cuatro, quiero
susurrarle a alguien.

apoyo mi mano y no hay nada.

Las posibilidades son:
estar lejos del campo,
estar cerca del campo,
ser el campo.

cuando uno es el campo
no lo sabe. por lo tanto,
detenerse antes.

algunos creen que ese frío
recursivo que les viene
es una conversación a la que le
falta un lado.

pero no.
es el campo que divide lo complejo
hasta volverlo simple y lo simple
hasta volverlo inanimado.

cómo se regresa
y de dónde, es información
que no se obtiene.

Cuando las fuerzas son muy desiguales
(vela pequeña en aposento frío
enterrado bajo metros de nieve),
pretender imponerse no tiene sentido.

es cuestión de tiempo –
llegará el día en que me avenga
a juntar los despojos.

como soy prolija y afanosa,
pondré cada objeto en su sitio
con mi falsa hoja de calcar.

si las diferencias son detectables,
enloqueceré.

recorreré el pueblo sin faros,
como un policía afiebrado que va
tras las huellas del asesino
justo sobre el final de la película.

La ventana ovalada daba al campo,
esa fue una de las primeras,
si no la primera tormenta.

en un rapto de lucidez,
o quizás no, la palabra no sea esa, supe:
hay un borde cierto y limpio que separa
aquello de lo que puedo
desprenderme de lo que no.

entendí también
que lo que queda atrás se asemeja
de algún modo a un relámpago.

se abre y ramifica,
despide luz por un instante.
luz premonitoria.

cuando creo ver personas
ahogadas entre los árboles,
es el borde avanzando.

de a poco, el área indemne
se va tornando frágil y pequeña
como la caperuza de una bellota.

sin embargo, así como no existe
un no-relámpago ni una no-ventana,

tampoco el borde puede
seguir avecinándose siempre.

de allí los círculos de colores que veo
cuando aprieto los párpados.

de allí el resto luego de una división,
o cualquier otro procedimiento
que ciña o socave.

Hay atributos
casi exclusivos de las
tormentas.

el primero es la capacidad
de subsistir en degradé.

las leyes de la física
nos permiten calcular
su magnífica progresión
y paulatina retirada.

si todo funcionase así.

a la vez, hay algo fascinante
en lo que no es gradual.

me atrae lo que hiere
de golpe.

aquello que no puede
ser más hondo, ni estar
menos presente.

la orfandad
nunca es a medias.

No puedo probar que la belleza
debe estar conectada a otra belleza
por ser incapaz de surgir sola.

tampoco puedo probar que el hombre
del tren hubiese estado ahí antes.

pero tuvo ese efecto:
hizo que me diera cuenta de que aquí
hubo vida todo este tiempo.
hubo vida y hay vida, buenos días.

me muevo, no estoy quieta.
me alejo de la estación, cuidado.
cuidado porque no puedo probar
que este hombre no es en realidad
el otro, lo mismo pasa con la estación.

sin embargo,
de vez en cuando comprendo –
los dobleces son inventos,
no existen afuera en el mundo.

basta con mirar este asiento:
el respaldo cosido, el terciopelo
verde y poroso del que está hecho.

Hay situaciones que son
metáforas de otras situaciones,
y situaciones tan absurdas que
pareciera que les faltase una parte.

el mapa de esas situaciones
no está guardado en ningún lugar,
así que no hay con qué contrastar
la suposición de que han sufrido
una o más tachaduras.

son como crucigramas
que perdieron letras pero siguen ahí.

mientras tanto, nosotros rebotamos,
jinetes inexpertos montados sobre un caballo
que trota y no se decide.

lo opuesto es mejor no imaginarlo.

Hipersanidad –
me recuerda a un negocio que mantiene
sus luces fluorescentes encendidas de noche.

hileras interminables de zapatillas
blancas sin cordones.

imagino atributos místicos
para ese brillo no dirigido,
esas góndolas semivacías
después de la hora de cierre.

pequeños sustantivos sueltos
como criaturas sin madre en un velorio.

cardones.

acrósticos no terminados.

un idioma repleto de metáforas muertas
sobre la distancia y el espacio
que no entiendo.

enormes muñecos de nieve
sin ojos, brazos ni sombrero.

en definitiva, soy la réplica tensa
de una persona envuelta en gestos nuevos,

memorizados

desde el encierro.

Una célula le envía señales a otra:
a partir de ahora, están comunicadas.

hay más ejemplos –
mi supuesta ingenuidad
no me ayuda en nada.

mi sentido del hágase,
esa plataforma anclada al fondo lodoso
mientras lo de alrededor se mece en paralelo
cual ejército de juncos zombies.

no veo que, cuando intento
hacer un chiste para protegerme, en realidad
estoy siendo más sincera que nunca.

como cuando digo:
bienvenidos al pueblo de Lucifer.

La manera en que un sueño
vuelca su carga sobre el ánimo
al despertar, no tiene que ver
con lo que el sueño revela,
sino con lo que introduce.

a modo de palimpsesto.

es buscar el alambrado vendada,
palpando el aire en este campo frío
que no ha demostrado no ser interminable.

una vez me acerqué
pero del lado de afuera.
un potrillo salió de la niebla
hasta tocarme.

ahí me quedé un ratito,
achinando los ojos.

hablaba como astronauta.

privada del sonido, exageraba
la mímica de cada palabra.

En el pueblo durmiente,
cada casa tiene un candelabro de techo
en el salón comedor.

el hombre encargado de cambiar las lamparitas
de los candelabros cuando se quemaban
murió súbitamente, una madrugada.

vivía, hasta entonces, en una casa
pintada de blanco con la puerta azul
en señal de prosperidad o abundancia,
con su propio candelabro en el salón comedor.

las noticias en el pueblo durmiente
corren lentas. es así que, uno a uno,
los salones comedores fueron quedando
a oscuras.

ahora, por las noches, mientras la nieve
cae sobre los plácidos jardines y las ramas
se agitan como húmeros ennegrecidos,
ellos cenan sin verse.

me refiero a ellos dos,
puntualmente.

sorben la sopa de cebada
con carne de res, hunden en el caldo

la reseca costra del pan, el rostro siempre
digno y compuesto.

pero si un caballo relincha
de pronto en el establo, o el vidrio esmerilado
de la claraboya se pone a temblar
por la fuerza de la tormenta, levantan la vista:
temen lo peor – y se arrepienten.

es que en la oscuridad,
nuestra vergüenza se vuelve brillante
y crece. algunos incluso lo llaman
el fantástico efecto
de la estrella muriente.

Si pudiéramos decirlo todo,
no lo haríamos.

las palabras se acumularían como
calabazas sobrantes después de Halloween,
buitres sobrevolando en círculos,
algas venenosas en la orilla traslúcida del lago.

los especialistas enseguida
juntarían las calabazas, dragarían el lago,
matarían a cada buitre de un disparo.

quedaría tan solo un hombre ciego,
de piel cetrina, lidiando a golpes de remo
con cientos de miles de peces

brillantes y desahuciados.

Ese verano, en el pueblo,
cada mediodía le corté al señor R.
una palta y se la pisé con un tenedor.

fue después de que su gato
se resistiese a salir de la heladera y,
en el forcejeo, le mordiera la mano al señor R.

la mano se infectó.

las paltas eran de dos tipos.
el señor R. prefería las más cremosas
que vendían fuera del pueblo,
en un tráiler color lila, junto a la autopista.

el mes se hacía largo,
los mediodías y el calor
oprimían a los lugareños.

solo nosotros dos,
con nuestro pequeño ritual puntilloso,
fluíamos por sobre la untuosa
indolencia del pueblo,

salando paltas a gusto
tras los postigos cerrados.

Si los días fueran paralelos
como renglones, trazables, visibles,
doblegables,

los colocaría amorosamente
unos sobre otros, concretos,
atigrados pero inofensivos.

plegaría la hoja una tarde borrascosa
de fines de verano, la guardaría en el bolsillo
interior del impermeable.

claro que no uso impermeable.

claro que de todas formas
en este pueblo los días pasan pero yo
no advierto el menor cambio, no podría asegurar
si el tiempo en verdad transcurre
o se repite la misma escena siempre.

me salva el polvo.

su afición por las superficies horizontales –
lo concibo modesto, laborioso, palpable.

me maravilla
su imposibilidad de recorrer distancia alguna
sin disgregarse definitivamente.

Por cada grumo en una dirección
hay un grumo en dirección contraria,
o no volveríamos nunca a ningún lugar.

no se trata de un equilibrio al estilo
protones y electrones, sino más bien
de una cornisa, a la que resulta imposible
acercarse demasiado sin que ocurra que,
al girar,
lo demás haya desaparecido.

ejemplos concretos son las montañas
por encima de la línea de los árboles,
la bicicleta sobre la grava,
la neblina que baja hasta los nudillos,
el zigzag barranca abajo hacia
el galpón incendiado que solía ser
de color rojo granero.

cada uno de ellos necesita,
so riesgo de desintegrarse, un contrapeso,
un instrumento que marque el compás
de su íntimo repiqueteo.

La nieve es un desvío,
el pueblo es un desvío,
el amor es el primer desvío,
la estación de tren es un desvío extra,
el desvío no es un desvío, por lo tanto
es un desvío del desvío original.

una conversación es un desvío,
¡no es cierto, no es cierto! sí lo es,
es un desvío de todo lo que podría haberse dicho
y no se dijo, intenta correrse pero no puede,
en ese sentido es un anti-desvío, no puede desviarse,
come las migas de Hansel y Gretel
a pesar suyo.

el último eslabón es un desvío,
nos desvía de nuestra serie o secuencia, nos deja caer
desde la punta del muelle al lago.
los cardenales miran la escena
sin dejarse sorprender.

la sorpresa de los cardenales sería un desvío,
el hecho de que no se sorprendan no es un desvío
porque no es un hecho, quién puede afirmar
algo que no está ocurriendo.

el lago es un desvío, parece mentira.
es también el lago de los cardenales,

es el lago del muelle, es el lago del cielo,
es el lago del fondo del lago, si lo diésemos vuelta
lo veríamos con más claridad,
pero esperamos hasta último momento.

pensamos que tenemos un propósito,
no sabemos que ese pensamiento
es en sí mismo un desvío. es que no existe
el propósito como tal, lo hemos esculpido
a base de pequeños desvíos repetitivos,
se erige, inánime como el mármol,
en el fondo del lago.

el tiempo lo irá corroyendo y,
cuando al fin fenezca, los peces lo devorarán.
esa es la única certeza que podría, tal vez,
tranquilizarnos.

Si un caballo
intentase cruzar,

¿cuándo sería el
momento justo?

enloquecido o celoso,
perteneciente a la estirpe
de quien necesita
más de lo que es
necesitado,

una tarde se admitiría
incapaz de seguir
esperando.

se entregaría sin resistencia
al quehacer arbitrario
de los ríos.

a cambio, el agua
le daría muerte.

solitaria. sin héroes,
sin últimas coces.

Dónde moran
mis desaciertos.

los imagino
pastando.

¿junto a qué?

a una pradera igual,
pero sin ellos.

potros mansos,
mantienen distancia
del alambre.

no por cautos:
por ciegos.

Es de noche.
estoy en la cocina, luz encendida.
lleno la olla para cocinar.
la sostengo con dos manos
bajo la canilla abierta.
hay baja presión de agua.

frente a mí está la ventana.

veo mi reflejo inmóvil,
enrarecido (su contorno es doble)
mientras sostengo la olla.

afuera está el campo.

detenido,
como si estuviera muerto.
lo único que veo moverse
es nuestra sombrilla.

está plegada, atada a la baranda
de la galería con una soga.
se sacude como un loco atrapado
en un chaleco de fuerza.
quién diría, si no, que hay viento:
todo lo demás es campo negro.

para la ley, los cadáveres son "cosas"
con una dignidad especial.
se les debe dar un trato decente y respetuoso.
como al campo, pienso.

el campo es un cadáver.
inmenso, que no se pudre ni se desintegra.

hasta dónde llega el campo.
mi reflejo, ¿es mío o del campo?
¿y la tristeza? ¿y el vacío?
no es vacío. más bien es espera.
¿qué espero?

el otro día, por ejemplo, justo
acá afuera había caca de ciervo.
pelotas chiquitas como arándanos amontonados.
esperé al ciervo. no vino.

lo mismo con los dos gatos monteses
que la vecina me dijo que vio jugando
junto a nuestra casa.
lo mismo con el zorrito y la chinchilla.

pero esto no es un inventario.
la espera nunca se dirige a algo concreto.

ni siquiera soy yo la que espera,
tampoco soy yo la que llena la olla – es el agua.
ni siquiera es el agua:
la olla ni siquiera se llena.

o quizás sí se llena, quizás
se llena infinitamente, porque:
cómo sabemos que va a terminar
de llenarse algún día.
cómo estamos tan seguros de que el agua cae.

quizás está quieta, el agua, como yo,
como el campo, suspendida en una muerte
momentánea o eterna.

¿es el agua una "cosa" con dignidad especial?
en tal caso, ¿quién va a ofrecerle
al agua muerta un trato decente y respetuoso?

¿quién no está muerto igual que el agua
muerta, quién se asoma detrás de mi reflejo,
quién se agita como la pobre
sombrilla encarcelada?

quién pertenece, o procura pertenecer,
al reino de los que no han enmudecido
todavía.

III

*something in each of us is waiting
to see if we can survive,
severed.*

DENISE LEVERTOV

Confundo mi alucinación
con mi reflejo.

*

el ruido que hacen
las mandíbulas de la vida
no puede evocarse.

*

típicamente (...)
por lo tanto asumir (...)

*

es posible no saber
que si uno quiere puede obtener
eso que uno quiere, y no saber
que uno no quiere obtener
eso que uno quiere.

*

el falso recuerdo
también es experiencia.

*

el juez debe decidir si quien habla
es una persona o una máquina.
la clave está en preguntar:

qué hace ese balde verde loro
semienterrado en la nieve.

Qué siente un ratón
en un laberinto en T
cuando debe decidir
para qué lado doblar.

se sabe
que la alternancia espacial
(tendencia a responder de forma
sucesiva ante dos opciones)
está presente en los roedores,
así que si la vez anterior
el ratón dobló a la derecha
es probable que esta vez
doble a la izquierda.

hay una tristeza ahí
escondida, incluso un duelo.

minúsculo acabóse, ingeniería
inversa de un misterio.

Si a los ratones de laboratorio se los toma
por la cola, es probable que pronto den muestras
de ansiedad y anhedonia, perdiendo interés
en el azúcar que se les ofrece como recompensa.

quizás no en la vigilia, pero sí en sueños,
repetirán los ratones la escena del vértigo,
volando sobre el aserrín sin dominio y
sin discernimiento.

sus pequeñas pesadillas a veces
invaden las mías. rememoro dormida
la indefensión -humana, murina –.
el miedo.

dentro del sueño me desvelo,
adquiero lenguaje y me sublevo, para luego
regresar callada y casta a mi tibia prisión.
a mi alimento.

Lo cierto es que en mi vida
hubo dos o tres pérdidas reales.

la primera (una casa)
quizás haya sido la más grave.

lo demás fue saltar a la soga,
una soga que no puede detenerse,
como un sueño en el que advierto
el horror secreto pero no a tiempo.

lo dejo atrás y vuelve.

levanto el balde verde loro,
lo doy vuelta y me tapo
los ojos.

escapo a una tierra que parece
una marisma rellena con piedras.

frente a mí,
un loco repite, hamacándose
bajo el tinglado:

nací con un miembro fantasma.

Si hablamos de metáforas,
las que valen la pena son las que tienen
raíces finitas como piolines, fláccidas.

nadie las ve, son las ropas
del emperador, pero existen.

piolín en espejo, sofrito piolín,
piolín subdérmico que repta
y acogota,

país sin piolines, la última vez
que comí matambre con piolín.

es un juego de pistas que conectan
lo que no aparece conectado.

se avanza a ciegas por el tablero.

cuando dos piezas se tocan,
la persona pregunta: ¿qué querías?
nada.

No podemos retroceder
hasta la preexistencia, pero sí
podemos dividir y dividir hasta que
se nos nuble la vista y comprobemos
que el mundo está hecho de partículas.

la ventaja es que no habrá
hombre de la bolsa, pero tampoco
habrá confines: las partículas
son indiferentes a nuestras
construcciones.

así es como nos quedaremos solos
con nuestras viejas ideas artificiales
acerca de adentro o afuera, entera
o no entera, opaca como las costillas o
brillante como una malla bordada
con lentejuelas.

Los cambios no son
por sobre, sino en lugar de.

una mujer arrastra el trineo
cuesta arriba –medias corridas,
muelas cariadas, canas en la peluca
negra, el rostro fustigado por el viento–.

ella no puede saber
la mujer que una vez fue.
sí puede obtener cierto
placer de sus nuevas hazañas:
todos podemos.

lo que ignoramos
es que son, en realidad, hazañas
viejas y repetidas.

gastadas como el cuero de los
zapatos que, aseguramos, pertenecen
a otro, siempre a otro.

Cada pérdida es completa,
en tanto que implica una absoluta
renuncia al estado anterior.

de esto no es consciente el gato.

el gato pierde lo que le quitan,
y sigue. su situación es
de inmediata y permanente
autorreorganización.

reverbera, quizás, el gato previo,
en algún hábito o gesto que pasará,
las más de las veces, desapercibido.

especialmente para el gato,
sentado consigo mismo en
un parche soleado,
habiendo formulado una
vez más su propia existencia,
libre de toda posible
conjetura o cálculo.

Si se nos permitiera recuperar cada ítem
o atributo que fuimos perdiendo en estos años,
tendríamos un problema.

al principio no advertiríamos
la imposibilidad física de albergar
en una sola realidad lo que hoy nos puebla
más lo extraviado.

pero no es solo eso.

no éramos nosotros,
los que se desprendieron
de tales rasgos de carácter
o tales predilecciones.

éramos monedas en caída,
embriagadas de vértigo,
a través de una ranura
hacia una alcancía hermética.

este proceso puede tardar años
en volverse repetitivo:
los esperanzados somos
grandes simuladores.

¿**Y** si hubiera
un gigantesco paréntesis
conteniéndonos?

como un pastor a su empeñoso rebaño.

la cabra confía.

bala y olvida.
bala y olvida.

efímeras alegrías.
anónimos
contratiempos.

Las manzanas, al no ser negras ni ser cuervos,
suman evidencia para afirmar que
todos los cuervos son negros.

hay premisas
que no se modifican,
no importa lo que ocurra.

aplica también a las personas.

no es cuestión de intentar:
hay vínculos anclados en el llano.

eso no me detiene, clavo
más y más estacas –

amarras diligentes pero espurias,
perforan tierra firme: no hay barco
ni océano a la vista.

ampollada, extenuada, persevero.

cincel errático hurgando
en un yermo.

Si de pronto las agujas
de todos los relojes
comenzasen a avanzar
más rápido (no mucho,
no de manera notable)
nos sorprenderíamos
al pelar un huevo y descubrir
que todavía está crudo.

quizás no crudo del
todo, su yema dejaría
espacio para la duda,
surgirían hipótesis.

así vivimos.
adentro de adentro
de la verdadera cáscara
del verdadero huevo.

aprendimos a no esperar
que nuestros muertos vuelvan,
que las escaleras nos contesten,
que el aire por encima del
campo sea de un musgoso verde
sólido y transitable.

Cada persona tiene
un cupo máximo de eventos,
como una lámina de corcho en la pared
tiene espacio para cierto número
de chinches.

no sabemos de antemano
la cantidad de vacantes –
sentimos, tal vez, una incomodidad
creciente, nos acercamos a las barandas
cuando cruzamos un puente.

hasta que un día algo se tuerce,
se acaba. puede ser mientras
cambiamos una funda desteñida
por el sol o condimentamos
una ensalada.

lo que viene después
es sacar una por una las chinches,
como si ese acto deshiciese el daño
a esta pobre planicie agujereada.

Imagino
un organismo
que tarda tanto
en acostumbrarse
a la novedad,
que nunca
lo consigue.

cada mañana
le parece
una rareza
que los manzanos
estén ahí, casi
contra la ventana.

que los vecinos
saluden y nos ofrezcan
revistas de detectives,
sin preguntarse jamás
si lo que les causa gracia,
nos causa gracia.

La uña habla del dedo,
el dedo habla del pie.

la pata de la silla,
el rollo de la persiana,
la tierra abonada donde crece
una planta de morrones verdes,
deformes, como partes retorcidas
del cuerpo de un ogro que va volviéndose
invisible
de a poco.

no queda claro si lo que dicen
es cierto.

después de todo, el discurso
fidedigno lo es solo a sí mismo.

aunque nos esforcemos,
nada nos representa mejor que aquello
de lo cual nos hemos desdicho
numerosas veces.

por las tardes, bajo la parra,
con el rumor del río,
envolviendo en paños algodonados
y estériles la primera herida,
que todavía arde.

La disciplina es un
alambre por dentro.

lo corto con una tenaza –
mientras duermo
el profuso verde externo avanza
con sus flores rosas y
sus guacamayos sobre
mi ciudad desvalijada.

al día siguiente,
el alambre vuelve a crecer
y recorre el mismo camino
que antes.

arrasa el camino.

el secreto
detrás su restauración es que
el alambre adopta la temperatura
del medio que lo rodea.

el frío de mis errores
es difícil, pero el alambre
soporta y se queda.

Póntico significa
perteneciente al Mar Negro.

me gustaría más que fuese
un adjetivo derivado de *puente*.

habría así instancias pónticas
que unirían, por ejemplo, un desierto islote
del pasado con su debido continente.

como en el hotel infinito de Hilbert,
siempre habría lugar para más.

conserje de librea,
atento a los fragmentos faltantes
que fueran apareciendo.

un problema sería
la habitación cegadora.

esa que no está dispuesta
a insertarse en una serie.

mal ventilada, calurosa,
la cerradura toma la forma
de haplología vulgar
pero insistente.

Puedo hablar
en cualquier momento.

puedo hablar ahora.

sé de mi derecho
a romper el silencio
con la fuerza necesaria,
o más.

porque hay palabras
que nos dejan
ahí.

en islas pobladas
por flamencos
de un rosa entusiasta.

sí.

pero que nadie
comparte.

El cartel dice:
se busca
un pájaro.

debajo
cuenta la historia –

un ave doméstica,
de las que pasean
y vuelven.

*

no es igual
lo que se pierde
a lo que falta,

nunca.

todo cuanto
es sustraído

se agrega
en alguna
parte.

limpio.

del grosor
de una funda

o de un remordimiento.

Si viviese a bordo
de un tren en movimiento,
no temería estar acercándome
al lugar equivocado o alejándome
del lugar correcto.

en mi confinamiento,
creería que es el exterior
el que se mueve: no habría manera
de sospechar lo contrario.

no puedo evitar sentir
algo de pena por esa persona
que yo sería, tan blindada en su desapego
como puede estar un hurón o un conejo,
aunque qué sé yo acerca de lo que
les pasa a ellos.

No hay manera de saber
de quién es un glóbulo rojo.

en otras palabras, hay partes
de nosotros mismos
que no nos llevarían de vuelta
a nosotros mismos.

vagones discoides idénticos
entre sí y a nadie.

un tren de recorrido eterno,
cargado de pasajeros siempre perplejos.

uno repite:
¡enlistémonos! ¡enlistémonos!

nunca frenan dos veces
en la misma estación –

ojos exhaustos, el paisaje
comienza a difuminarse.

la primera estrella -fría, pujante-
marca un destino plausible,
pero improbable.

Cada abeja sabe que no es
otra abeja.

yo, en cambio, no sé
que no soy otra yo, y así como
después de que un árbol ha sido talado
sobreviene un silencio muy parecido
al ruido,

el avión despega y me paro, briosa,

un espíritu en medias que avanza a gatas
hacia una frontera no geográfica sino propia,
un Orfeo pero obediente que se niega
a reconocer que todo *dejà vu* es, por definición,
un juego.

me arrastro a tientas buscando el fondo
de una madriguera de conejos vacía.

y es así como ocurre.

Gracias
A José Treszezamsky, por ayudarme a abrir la tranquera.
A Jorge Consiglio, por escuchar.
A Daniel Chacón y Sylvia Aguilar, por guiarme.
A Carlos Aldazábal, por leer.
A Alicia Genovese, por hacerse el tiempo.
To Cora and Kendra for having such a huge heart.
A mis amigas, por dejarme correr a ellas.
A mis cuñadas Cris y Lesley, por su generosidad.
A Robi y a mis hijos, por decirme, casi siempre, lo que piensan.

*

Otra versión del poema "hay atributos" apareció en revista *Baquiana*, junio 2022.
Otra versión del poema "si los días fueran paralelos" apareció en revista *Baquiana*, junio 2022.
Otra versión del poema "hay un grumo en dirección contraria" apareció en *Acentos Review*, 2021.
Otra versión del poema "la nieve es un desvío" apareció en *Acentos Review*, 2021.

ÍNDICE

III